AF509406

PRÉCIS

POUR le Comte DE CRÉQUI;

CONTRE le Marquis DE CRÉQUI,

Sur la plainte, addition de plainte, *demande d'obtenir* monitoire, aggraves, & réaggraves *de la part du Marquis DE CRÉQUI, & fur fon défiftement* pur & fimple (1).

QUELS font donc les devoirs du véritable honneur, s'ils impofent à un homme l'obligation de tourmenter fon femblable par l'action la plus odieufe, de le dénoncer à la Juftice comme méritant la peine des fauffaires, de le vouer à l'opprobre & à l'infamie, de troubler de fang froid la tranquillité d'une jeune & vertueufe époufe, en lui préfentant fon mariage comme défavoué par les loix de l'Eglife & de l'Etat ; de lui montrer comme flétri, même avant de naître, l'enfant qu'elle porte dans fon fein ?..... Ah! fi c'eft-là ce que le véritable honneur commande, l'honneur eft de tous les tyrans le plus barbare.

Mais non, ce ne font là ni fes préceptes ni fes exemples. Un emportement aveugle, dont un jour (& ce jour n'eft pas loin) on gémira foi-même, ufurpe ce beau nom d'honneur &

GRAND'-
CHAMBRE
ASSEMBLÉE.

____

(1) Ce Précis a uniquement pour objet la plainte fur laquelle il s'agit en ce moment de prononcer : on en donnera un fur le fond de l'affaire, qu'il eft aifé au refte de connoître, tant par ce Précis que par la *Réponfe à l'Expofé* du Marquis de Créqui.

A

civile , il fe défifte de fa plainte. Mais comment s'en défifte-t-il? en loyal Gentilhomme, qui croit que le véritable honneur confifte à reconnoître franchement un tort & non à l'aggraver. Il lui dit : « que vos confeils & les miens dreffent eux-mêmes » un projet de défiftement fatisfaifant pour vous, admiffible par » moi ; qu'il foit infcrit dans les dépôts de la Juftice ; que les » papiers publics le rendent auffi notoire que l'a été mon impru- » dente injure ; mais je ne vous tiens pas davantage pour mon » parent, & fuivez-moi dans les tribunaux civils ».

Un troifieme, non feulement intente l'action civile, non feulement rend la même plainte qui renferme les outrages les plus cruels, mais encore fur ce qu'on refufe de recevoir de lui un défiftement fort fec, qu'on n'eût pu accepter fans baffeffe, & dont le refus devoit l'éclairer & le toucher lui-même ; il aggrave l'offenfe ; ce qu'il a dit dans l'obfcurité d'un Greffe, il le répete avec acharnement à la face de la premiere Cour du Royaume ; il vient fe fortifier à fes yeux d'un gros d'a-mis illuftres; il fait plaider que ce Gentilhomme eft *un fauf-faire*, que *le châtiment qui l'attend eft au moins la peine réfer-vée au fauffaire*, & cette peine, le pourrons-nous écrire fans frémir ? . . . . Il fait plaider *que toujours mérite - t - il d'être dégradé de tout dégré & privilége de nobleffe*. Il fait plaider que fon mariage avec une demoifelle de qualité eft *une odieufe trahifon*. . . . . il ne rétracte point fon affertion affreufe , qu'*il n'y a pas eu de mariage entre elle & lui*, & fans intérêt, fans qualité, fans droit, avouant dans cet en-droit même de fa plainte, que tout ce qui regarde ce mariage lui *eft tout à fait étranger ;* il dit à ce malheureux enfant qui eft aux pieds de fes Juges. . . . . . dans le fein de fa mere. . . . . . TU NAÎTRAS DANS L'OPPROBRE . . . . . & voilà ce qu'il appelle défendre fes droits & fon honneur!

Eh bien ! c'eft fur fon honneur même que j'adjure ici le Marquis de Créqui dans le fanctuaire de la Juftice où notre Roi eft préfent par la loi, que je l'adjure aux yeux de cette famille Augufte, à laquelle nous fommes attachés l'un & l'autre, que je l'adjure aux yeux même d'un Souverain équitable, humain, bienfaifant, qui connoît nos triftes débats; c'eft fur cet honneur qui, malgré fes violences, refpire dans fon ame (car je veux & je dois lui rendre juftice), que je le preffe de dire lui-même laquelle de ces trois pourfuites que je viens de tracer eft la plus conforme aux loix du véritable honneur.

S'il ofe affirmer que c'eft la troifieme...

Mais non ; il ne l'ofera pas. Il dira ce que je dirai, ce que tout homme honnête dira. Le premier des trois rôles eft celui d'un homme jufte : le fecond eft celui d'une ame noble : mais le troifieme..... quel nom lui donner?

J'ai donc, contre le Marquis de Créqui, un premier Juge qui certainement aura puiffamment prononcé pour moi; & ce Juge... c'eft lui-même.

Qu'il me permette de le preffer encore. Après l'avoir interrogé fur fon HONNEUR, je veux l'interroger à préfent fur fa JUSTICE NATURELLE, dont le cri puiffant fe fait entendre auffi au fond de fon cœur; & pour cela changeons un moment nos pofitions.

C'eft moi qui ai rendu la plainte, l'addition de plainte. C'eft moi qui l'ai qualifié de *fauffaire* tout AU MOINS. C'eft moi qui ai appellé fur fa tête AU MOINS LA PEINE RÉSERVÉE AU FAUSSAIRE. C'eft moi qui ai dit, écrit, plaidé, que TOUJOURS IL DOIT ÊTRE DÉGRADÉ DE TOUT DÉGRÉ ET PRIVILEGE DE NOBLESSE. C'eft moi qui ai appellé fon mariage UNE ODIEUSE TRAHISON. C'eft moi qui ai rempli l'horrible office de répandre, s'il eût été poffible, des germes de divifion entre deux jeunes époux, d'empoifonner les jours d'une épouse adorée, en lui difant, quoique cela me foit TOUT-A-FAIT ÉTRANGER, qu'elle porte dans fon fein un fruit d'opprobre & d'ignominie. C'eft moi qui l'ai accufé de DEUX CRIMES CAPITAUX, DE FAUX ET DE SUPPOSITION DE PERSONNES LES PLUS CARACTÉRISÉES.

A la fuite de tant d'outrages entaffés avec un acharnement qui tient de la fureur, je lui fais froidement fignifier un défiftement pur & fimple....

S'en contenteroit-il?

Non certes! il ne s'en contenteroit pas.... ou il ne feroit pas Créqui.

Eh bien, je ne m'en contente pas non-plus; il faut que la Juftice prononce entre nous, puifqu'ainfi l'acharnement du Marquis de Créqui l'ordonne ; & je commence par oppofer au Marquis de Créqui la *juftice naturelle* qui eft dans fon cœur, l'*honneur* qui eft dans fon cœur.

Je refpecte trop les momens précieux de mes Juges pour leur rappeller ici l'hiftorique de cette affaire, & les juftes motifs d'après lefquels j'ai repris le nom de mes peres, ils les retrouveront dans ma *Réponfe à l'expofé* que j'aurai l'honneur de remettre fous leurs yeux. D'ailleurs un plus preffant intérêt m'appelle. Ce n'eft pas de mon nom qu'il s'agit dans ce moment, c'eft de la plainte, & je vais encore étonner ici le Marquis de Créqui lui-même.

Oui, je le veux, pour un moment ; je ne fuis point Créqui ; je fuis feulement le Jeune de la Furjonniere ; mon pere a cru trop facilement à la décifion des premiers Juges de la matiere ; le Chef des nom & armes de la Maifon a cru trop facilement à leur décifion fon opinion perfonnelle.

Mais je fuis du moins, felon vous, un Gentilhomme dont vous reconnoiffez vous-même l'excellente Nobleffe ; dont le

Nom * *eſt aſſez ancien & aſſez diſtingué pour qu'il n'en deſire pas d'autre*, & je le crois bien.

Je dis trop encore : je ne ſuis & ne veux être en ce moment qu'un ſimple & obſcur citoyen , qui vis paiſible ſous la protection des loix de ma patrie , ſous la juſtice des Magiſtrats établis pour les appliquer à chacun avec cette ſainte impartialité qui les honore , établis pour prononcer entre le citoyen qui n'apporte devant eux que ſon bon droit , & l'homme puiſſant qui vient dans le ſanctuaire des Loix , environnés d'amis illuſtres & décorés , comme s'il s'agiſſoit de conquérir la Juſtice.

Or je dis que votre Plainte , que je vas ſuivre ici pied à pied , eſt , en me ſuppoſant même n'être pas Créqui , une violation intolérable des droits du citoyen , que dès-à-préſent les Magiſtrats ne peuvent proſcrire trop ſévérement , puiſque vous n'avez pas voulu la proſcrire vous-même d'une maniere plus modérée , & pourtant acceptable , dont je me ſerois contenté.

Je dis que ſi après qu'un citoyen a fait à un autre un outrage auſſi ſanglant , auſſi atroce (l'expreſſion n'a rien de trop fort) il en étoit quitte pour dire : *je m'en déſiſte* , il n'y auroit plus ni ſureté civile , ni Loix , ni Tribunaux , ni Société , & je le prouve par la diſcuſſion de la plainte même.

Vous commencez par rendre plainte *contre mes Complices , Conſeils , Fauteurs , Participes & Adhérens*. Mais avez-vous conſidéré quels ſont ces êtres à qui vous imprimez par ces qualifications odieuſes les nuances du crime ?

1°. C'eſt le Juge d'Armes de France , qui n'emprunte pas moins de conſidération de ſes lumieres perſonnelles & héréditaires , que de la diſtinction & de l'autorité de ſa Charge. Il atteſte & déclare après l'examen le plus approfondi , après la lecture la plus attentive des Mémoires qui combattoient

* Dernier Imprimé du Marquis de Créqui, pag. 39.

notre prétention, que nous sommes de la Maison de Créqui. Il atteste : *qu'il a décidé ainsi la question, parce qu'il lui paroît qu'elle auroit été jugée de même dans tous les Tribunaux où l'on auroit porté la discussion de cette affaire.*

2°. C'est le Généalogiste des ordres du Roi, le sieur Cherin, dont vous invoquez vous-même le suffrage, s'expliquant sur le mérite des deux enquêtes *originales*, qui constatent ma descendance de la Maison de Créqui il atteste au Roi, en la personne du premier Gentilhomme de sa Chambre « qu'on ne » peut soupçonner, ni l'exactitude, ni la probité des témoins » des enquêtes. Or dès-là on leur doit de la confiance pour » les autres faits qu'ils ont déposés, & dont on n'a point en- » core acquis de preuve littérale, *à moins qu'on n'en ait du* » *contraire....* Cinq d'entre eux de la première déposent : que » Jean le Jeune EST ISSU, PAR SON PERE, DE CEUX DE CRÉ- » QUI, ET QU'IL EN PORTE LES ARMES *avec différence de cou-* » *leurs ;* ce changement de couleurs dans les armes étoit fré- » quent alors. Il avoit été *introduit* pour *distinguer les puî-* » *nés....* On observe encore que les caractères de bonne foi » des Témoins des deux enquêtes se retrouvent dans la con- » duite de Jean le Jeune qui les a fait faire. Il n'avoit d'autre » intérêt que de prouver sa noblesse ; s'il eût eu intention de » s'enfoucher sur une Famille étrangere, il n'eût pas choisi » celle de Créqui, l'une des plus confidérables d'Artois, &c. »

3°. C'est Madame la Princesse de Rache, née Créqui-Cana- ples, laquelle a écrit au Lieutenant-Général des Armées du Roi, Chef du nom & armes, ainsi que celui-ci l'a attesté lui- même * lorsqu'elle étoit occupée à faire des recherches sur sa Maison, QU'IL Y AVOIT EN ANJOU UNE BRANCHE DU SUR- NOM DE LE JEUNE.

4°. C'est votre oncle lui-même, Chef du nom & armes,

* Voyez son acte du 8 Mai 1765, où il le déclare.

le

le Marquis de Créqui , qui , après l'examen le plus rigoureux, précédé même de fa part de préjugés défavorables qu'il avoit reçus de vous , a donné des reconnoiffances folemnelles , multipliées , confacrées par une conviction perfonnelle qu'il vous a notifiée à vous-même , ainfi qu'à la Dame votre mere par plufieurs lettres , conviction qui lui a infpiré les démarches les plus actives , les plus généreufes pour notre avancement.

5°. Enfin parmi mes complices je vous nomme vous-même. Oui ! vous feriez par un long filence le complice de mon erreur. Si j'avois erré , vous qui pendant vingt-trois ans me voyez tranquillement à la Cour , fous vos yeux , porter le même nom que vous , *fans réclamer* , vous qui voyez un de mes freres page du Roi pendant trois ans fous le nom de Créqui *fans réclamer* , vous qui voyez un de mes freres époufer folemnellement , fous le nom de Créqui , la demoifelle de Prie , niece d'un Chevalier des Ordres du Roi , *fans réclamer ;* mariage cependant hautement annoncé , vous qui voyez deux de mes freres pourvus fucceffivement d'une Abbaye diftinguée fous le nom de Créqui *fans réclamer* , vous qui voyez une de mes fœurs obtenir une Abbaye dans une ville confidérable à quarante lieues de Paris , fous le nom de Créqui , *fans réclamer.* Vous qui me voyez enfin époufer une Demoifelle de qualité , attachée à la Cour , fous le nom de Créqui , *fans réclamer* , & qui ne faites éclater qu'au moment même de la Préfentation une réclamation impuiffante qui ne l'a point arrêtée. . . . Oui , voilà mes complices ; & par la longueur d'un tel filence , d'un filence fi inexplicable , fi contradictoire avec la violence de vos pourfuites actuelles , vous m'avez donné le droit de vous placer à leur tête.

Enfuite votre plainte continue : vous voulez , y dites-vous,

B,

nous *faire châtier du crime de faux que nous avons commis DE DESSEIN DEPUIS LONG-TEMS PRÉMÉDITÉ*, & affurer, par la voie de l'inftruction *criminelle*, la *NATURE DE NOTRE CRIME*.

Quelles expreffions ! quelle étrange maniere d'invoquer la Juftice !

Mais le crime (prétendu) de faux , lorfque, comme ici, il eft fuivi de l'effet, eft le crime de deux. Car, fi celui qui a obtenu une reconnoiffance , l'a commis, celui qui l'a donnée , l'a commis auffi, lorfqu'on n'a mis fous fes yeux que des pieces certaines , originales, nullement attaquées , ni attaquables. Si, par fa reconnoiffance , il leur a donné, je le fuppofe , une conféquence trop étendue, une valeur trop forte, s'il en a inféré plus qu'il n'en devoit inférer, il a commis ce crime de faux auffi. Or, ce coupable, c'eft le coufin germain de votre pere, c'eft le Chef de votre Maifon ! Je reviendrai fur ce prétendu faux, car, en huit lignes, vous en parlez jufqu'à trois fois. Mais pourfuivons.

Enfuite, craignant que le Juge ne connoiffe pas bien mon prétendu crime , vous l'inftruifez, vous le preffez de bien s'en inftruire : « *vous devez preffentir*, lui dites-vous, *que le* » *titre de l'accufation eft celui d'un crime de faux , par l'action de* » *changer fon nom & d'ufurper celui d'autrui, d'un crime qui ,* » *par conféquent, intéreffe autant l'ordre public que la Nobleffe* ».

Difcutons donc ce crime de faux, cette qualité de *fauffaire*, qui va fe trouver quelques lignes plus bas, & fur laquelle vous vous étendez avec une complaifance fi peu noble, fi peu digne de vous.

Celui-là eft un fauffaire qui fabrique ou fait fabriquer de

fauſſes pieces, de faux documens, ou qui ſe ſert ſciemment de pieces fabriquées, de documens fabriqués.

Or, quelles pieces, quels documens avons-nous employés? 1°. Un ſceau d'un Taſſard *le jeune*, un de nos auteurs, Procureur Général du Comté d'Artois, attaché à un acte de 1384. Mais ce ſceau eſt reconnu pour probant par le Généalogiſte des Ordres du Roi, dans ſon avis par écrit; & ce ſceau, vous ne l'attaquez pas.

2°. L'épitaphe du Capitaine de Bonneveau, mon triſaïeul, Gentilhomme ordinaire de la Chambre du Roi, Lieutenant de ſa Vénerie, Capitaine de cent hommes dans le Régiment de Navarre, enterré·dans le Chœur de l'Egliſe de Saumur, à côté du Capitaine de Bonneveau, ſon pere, Chevalier de l'Ordre du Roi, Gentilhomme ordinaire de ſa Chambre, Gouverneur du Pont de Cé, & Meſtre-de-Camp d'un Régiment d'infanterie. On voit gravées ſur cette épitaphe de mes aïeux paternels * les armes de la Maiſon de Créqui, telles que ma branche les a toujours portées; mais cette épitaphe, qui doit être de l'année 1629, (il mourut à la fin de 1628) époque du teſtament de montriſaïeul, vous ne m'imputez pas non plus de l'avoir faite ou fait faire, & vous ne l'attaquez pas.

* Bonneveau étoit un nom de terre qu'ils porterent & i'-luftrerent l'un & l'autre.

3°. Mes deux enquêtes ORIGINALES de 1478 & de 1485, & mes deux Sentences CONTRADICTOIRES, rendues les 17 Novembre 1478 & 7 Juillet 1486, qui conſtatent ma nobleſſe, déjà depuis long-temps exiſtante, mes armes de la Maiſon de Créqui, & MA DESCENDANCE PAR PERE DE CEUX DE CRÉQUI. Mais ces pieces ſont reconnues pour probantes & authentiques par le Juge d'Armes de France, par le Généalogiſte des Ordres du Roi, par votre oncle, Chef du nom & armes de la Maiſon; mais ces pieces, vous ne m'imputez pas de les avoir faites ou fait faire; mais ces pieces, vous ne les attaquez pas. Ainfi, d'abord, de votre propre aveu, & en prenant par partie ce dont votre plainte forme vaguement & artificieu-fement un enfemble, je ne fuis point un *fauffaire*, (puifqu'il faut difcuter froidement de telles horreurs), je n'ai point fait un faux.

Pourfuivons : « *j'ai commis*, fuivant la plainte, *un crime par l'aćtion de changer mon nom & d'ufurper celui d'autrui ; & toute innovation de nom qui n'eſt pas approuvée par le Roi, eſt un crime. Celui qui s'en eſt rendu coupable a attenté à l'autorité royale ; mais, de plus, il a commis le crime de faux.*

Cette chimérique accufation d'ufurpation de nom n'eſt qu'une équivoque miférable, & qui n'a pas befoin de réfu-tation pour ceux qui ont lu ma *Réponfe à l'Expofé.* Pour ceux qui ne l'ont pas lue, je me contenterai de rappeller ici, 1°. dans l'aćte folemnel de reconnoiffance à nous délivré par M. le Marquis de Créqui, Chef du nom & armes, le 8 Mai 1765, dans lequel il dit expreffément : « nous nous croyons obligés par » juſtice, & pour rendre hommage à la vérité, de recon-» noître Meffieurs le Jeune de la Furjonniere pour former » UNE BRANCHE DE NOTRE MAISON, & pour être très en » droit d'EN REPRENDRE LE NOM ». 2°. Sa lettre au Marquis de Créquy, dans laquelle il lui dit : « je ferois fort aife de » vous fçavoir en bonne intelligence avec des perfonnes qui » portent notre nom, & QUI PEUVENT LE PORTER DE DROIT ». 3°. La feconde reconnoiffance non moins folemnelle paffée devant Notaires, le 1er Septembre 1765, dans laquelle, après avoir rappellé que NOUS PORTONS A JUSTE TITRE LE NOM DE CRÉQUI, COMME FORMANT UNE BRANCHE DE SA MAI-SON, il ajoute : qu'il nous a EXHORTÉS A NOUS FAIRE COM-PRENDRE DANS L'ARTICLE DE LA MAISON DE CRÉQUI,

Dans le supplément de l'Histoire des Grands Offi-
ciers de la Couronne, & confent que nous reprenions
également les armes pleines de fa Maifon, fans aucune brifure.
4°. Sa lettre au Marquis de Créqui, du 4 Octobre 1765 ,
dans laquelle il dit qu'il a fait *examiner les titres originaux
en vertu defquels nous avons pris le nom de Créqui, & qu'il a
été fi convaincu de la juftice de notre droit, qu'il n'a pas héfité
à nous reconnoître pour une branche de fa Maifon*, &c.

Et quant au prétendu attentat à l'Autorité Royale, fans doute
il n'appartient qu'à elle de permettre à un citoyen d'abdiquer
fon nom pour en prendre un tout à fait étranger au fien ;
mais ce n'eft pas plus lui manquer de reprendre, d'une maniere légale le nom de fes peres, que de recouvrer , par
une voie légale, la poffeffion de fon héritage. Or , quelle
voie plus légale qu'une difcuffion contradictoire avec le vrai
contradicteur légal, le Chef du nom & armes, fous les yeux
du Juge d'Armes de France qui prononce , & à la décifion du-
quel le chef du nom & armes de la Maifon acquiefce par
deux reconnoiffances folemnelles ?

Mais, d'ailleurs , cette intervention même de l'Autorité
Royale, que la Loi n'exige pas dans ce cas , fe trouve cependant ici furabondamment, & de la maniere la plus éclatante.

Un de mes freres, aujourd'hui Lieutenant de vaiffeau , a été
Page du Roi pendant trois ans ; il l'a été fous le nom de Créqui.

Il eft enfuite placé dans la Marine ; fon nom paffe fous
les yeux du Roi à l'occafion des divers grades dont il eft ho-
noré ; il eft toujours employé fous le nom de Créqui.

Deux autres de mes freres, & une de mes fœurs, font pourvus de trois Abbayes ; leurs brevets, dreffés & fignés par le
Miniftre du Roi, font fous le nom de Créqui.

Je monte dans les carroffes du Roi, après un travail du

Généalogiste de ses ordres remis au premier Gentilhomme de sa Chambre ; j'y monte sous le nom de Créqui.

Le Roi honore mon contrat de mariage de sa signature , après qu'il a d'abord passé sous les yeux de son Ministre ; j'y prends le nom de Créqui.

Enfin , mes commissions, mes grades, mes brevets, toute mon existence civile, en un mot, sous les yeux de la Cour , & de toute la Famille Royale, sous les yeux du Marquis de Créqui lui-même, sont sous le nom de Créqui ; & voilà ce qu'une plainte outrageuse , & je dirai presque fanatique , appelle *un attentat à l'Autorité Royale !*

Mais ce n'étoit pas sans dessein qu'on employoit ces grandes expressions ; c'étoit pour préparer une grande injure. La plainte ajoute immédiatement après : « LE CHATIMENT QUI L'ATTEND » EST AU MOINS LA PEINE RÉSERVÉE AU FAUSSARE, MAIS TOU- » JOURS D'ÊTRE DÉGRADÉ DE TOUT DÉGRÉ ET PRIVILEGE » DE NOBLESSE ».

Encore une fois, quel horrible langage ! est-ce donc ainsi que s'exprime l'homme noble & véritablement vertueux, qui vient apporter sa résistance aux yeux de la Justice , à un juge- ment domestique prononcé par son oncle lui même , par le Chef de la maison ?

Si j'entends bien les loix du véritable honneur , il dit aux Juges : « veuillez fixer vous-même la valeur de ces termes, » *issus de par pere de ceux de Créqui,* auxquels je soutiens que » des Gentilshommes d'une naissance distinguée , que mon » oncle lui-même, ont donné une signification trop précise. » J'honore leur naissance ; je n'attaque point l'honnêteté de » leurs démarches. Je sais que c'est mon oncle lui-même, qui, » s'ils ont erré , a autorisé , a préparé leur erreur. Mais je » veux vous prouver que tous se sont trompés , même le Juge

» d'armes, & je me dois de ne les reconnoître de ma maison,
» que quand vous l'aurez prononcé vous-mêmes ». Croyez,
Marquis de Créqui, qu'une cause ne perd rien, qu'elle peut
gagner beaucoup à l'honnêteté d'un tel langage, qui est en même
temps un justice. Mais on ne vient point avec fureur appeller
la flétrissure & l'opprobre sur la tête de Gentilshommes irré-
prochables, qui n'ont pas besoin d'être Créqui pour avoir droit
à vos procédés, & pour marcher vos égaux. Mais on ne choi-
sit point par préférence une plume flétrie pour dresser une
plainte qu'aucun Jurisconsulte avoué n'auroit voulu composer.
Mais on ne dit point aux tribunaux, que des Gentilshommes
qui comptent parmi leurs ayeux des Lieutenans Généraux
d'artillerie, des Chevaliers de l'Ordre du Roi, des Gouver-
neurs de places importantes, des Capitaines de cent hommes-
d'armes, enfin des compagnons d'armes du grand Henri, méritent la dégradation de noblesse & les peines les plus avilis-
santes, pour avoir ajouté foi aux jugemens du Juge-d'armes de
France & du Chef même de la Maison. Et quand on a eu le
malheur de faire de tels outrages, on a la justice, ou pour
mieux dire la prudence de les réparer soi-même; ou bien on
réduit par-là les Magistrats à la nécessité de prononcer.

Mais quelque chose de plus incroyable encore, c'est ce qui
suit dans cette même plainte. Du moins dans ce qui précede,
on peut dire que l'intérêt prétendu par le Marquis de
Créqui a aveuglé son ame, l'a entraîné au-delà des justes bor-
nes : mais quel intérêt aviez-vous dans ce qui va suivre, &
qui, de votre propre aveu, *vous est tout-à-fait étranger*. Il faut
le lire pour croire qu'on ait osé l'écrire. Transcrivons-le :
» indépendamment de l'odieuse trahison faite à la demoiselle
» de Souci par ledit sieur François-Louis Marin Lejeune de la

» Furjonniere, en l'époufant fous un autre nom que le fien ;
» & *per errorem perfonæ*, *ce qui fait qu'il n'y a point eu de ma-*
» *riage entre elle & lui*, par ledit fieur Abbé de la Furjonniere,
» qui lui a donné fon frere pour autre qu'il n'étoit, & par
» leurs deux autres freres qui ont autorifé de leur préfence &
» de leur fignature, *une pareille fuppofition de perfonne*, CE QUI
» EST TOUT - A - FAIT ÉTRANGER AU SUPPLIANT ».

Et de quel droit venez - vous ici vous interpofer entre ma
femme & moi, pour porter dans fon ame, fi vous l'euffiez pu,
le doute, l'amertume & le défefpoir ? Que font à vos orgueil-
leufes chimeres la validité ou l'invalidité de fon mariage ? La
légitimité ou l'illégitimité de l'enfant qu'elle porte dans fon
fein ? De quel droit, vous qui devez fentir mieux qu'un autre
tout le prix du bonheur domeftique dont vous fait jouir une
femme eftimable & vertueufe, de quel droit, homme cruel,
venez-vous troubler le mien ? De quel droit venez-vous m'en-
vier d'être époux & pere, outrager horriblement mes freres,
& tourner, de fang-froid, le poignard dans le fein de ma belle-
mere, dans celui de ma femme ? Et les tribunaux laifferoient im-
punies de telles horreurs !... & lorfque vous en reconnoiffez vous-
même toute l'atrocité en avouant, en avouant dans cet endroit-
là même, que CELA VOUS EST TOUT-A-FAIT ÉTRANGER. Vous
ofez vouloir que la Juftice foit plus indulgente envers vous que
vous ne l'êtes vous-même, qu'elle renvoie à un temps éloigné le
jugement d'un outrage préfent, c'eft-à-dire, qu'elle laiffe impuni
un outrage toujours inexcufable, quand je fuccomberois mille
fois fous l'action civile, d'un outrage d'autant plus criminel,
qu'il a fallu fouler aux pieds pour le commettre DE SANG-
FROID, comme vous l'avez fait, toutes les loix de la fociété,
de l'honnêteté, de la Juftice..... Non, ne l'efpérez pas, &
l'ofer prétendre, eft faire aux tribunaux une injure prefque égale
à celle dont je me plains ici.   Ce

Ce déteftable écrit, dout l'Auteur laiffe à douter s'il a eu plus de méchanceté ou plus de délire, finit par m'imputer les *crimes de faux & de fuppofition de perfonne les plus caractérifés*; par rendre formellement plainte du *crime de faux*, par demander permiffion d'informer & d'obtenir *monitoires*, *aggraves & réaggraves*; & il eft fuivi d'une addition de plainte du 2 Décembre dernier.

Ma plume & mon cœur fe laffent de relever tant d'offenfes. Celle que je viens de combattre eft d'une telle gravité, que ces derniers traits ne méritent prefque pas mon attention, quand on les compare à l'affreufe affertion de la nullité de mon mariage. Qu'ils font cruels pourtant ces derniers traits! Qu'ils font amers! Qu'ils font acharnés! & comment avez-vous pu, fur la tombe de votre oncle, & tenant entre vos mains la lettre dans laquelle il vous preffe *de vivre EN BONNE INTELLIGENCE AVEC NOUS*, qualifier fes deux reconnoiffances, fur lefquelles porte l'ufage licite & inconteftable de notre nom, de *CRIMES CAPITAUX ?*

Mais les termes odieux, barbares, fans exemple de la plainte du Marquis de Créqui ne font pas encore ceux dont j'ai à demander vengeance. Et qui peut donc ajouter aux outrages qu'on vient de parcourir avec un fentiment mêlé d'horreur ? Le voici : c'eft la plainte elle-même.

Oui, je ne crains pas de le dire, la plainte du Marquis de Crequi, par cela feul qu'elle eft une plainte, & fût-elle conçue dans les termes les plus fimples, eft une horrible vexation, & je le prouve.

La maniere ordinaire de fe traduire les uns les autres en Juftice eft l'action civile.

La néceffité d'acquérir la preuve d'un crime, ou d'en pourfuivre la vengeance, a obligé d'introduire la voie criminelle.

C

Mais comme cette voie eſt en foi défavorable, rigoureuſe ; odieuſe même, de la part de tout autre que du Miniſtere Public, en ce qu'elle trouble le repos & compromet pendant ſa durée l'honneur des Citoyens, les Loix en ont ſévérement & juſtement reſtreint l'uſage, & il n'eſt permis de l'employer que quand la néceſſité en impoſe le devoir.

En tout autre cas une plainte eſt une injure, une offenſe, une vexation plus ou moins grave ſuivant les circonſtances.

Voilà les principes qui concilient pleinement, dans une légiſlation équitable & modérée comme la nôtre, la conſervation des droits de chacun avec la tranquillité de tous.

Or, quelle néceſſité avoit ici le Marquis de Créqui de prendre la voie d'une plainte, d'une addition de plainte ; & d'y ajouter même cette pompe toujours offenſante, toujours humiliante pour celui qui en eſt l'objet, de *monitoires*, d'*aggraves*, de *réaggraves*, &c. ; en quoi il ne m'a pas moins offenſé quoiqu'il ne l'ait pas obtenu, par cela ſeul qu'il a oſé le demander.

Quelle étoit donc cette néceſſité ſi preſſante qui l'obligeoit d'employer cette voie uniquement réſervée à la punition des délits & des crimes, & d'invoquer même la Religion dans ſes Temples, pour nous trouver plus ſûrement coupables ?

Etoit-ce pour conſtater, par des dépoſitions de témoins, que je porte le nom de Créqui ? Mais c'eſt un crime que je commets depuis vingt-trois ans ſous ſes yeux.

Etoit-ce pour rechercher de ma part quelque fabrication de titres, qui fît ou préparât ma liaiſon avec les Créqui ? Mais il ſait très-bien que je n'emploie d'autres titres que ceux qu'a vus & approuvés le Juge d'Armes de France, qu'a vus & approuvés ſon oncle, le Chef de la Maiſon, que lui a notifiés, & à la Dame ſa mere, le même Chef de la Maiſon, & qui ſont inattaqués & inattaquables.

Il n'avoit donc nulle cause quelconque, nul prétexte quelconque de rendre plainte contre moi ; il n'avoit que la voie civile, il l'a reconnu lui-même, en abdiquant la voie criminelle.

Et cependant il a rendu plainte, addition de plainte, sans parler de celle qu'il a provoquée pour fortifier la sienne.

Et quelle plainte ! On vient de la lire, je n'ai rien à ajouter. Non, jamais une telle plainte n'a souillé jusqu'à nos jours le Temple de la Justice.

Cette plainte est donc une vexation, par cela seul qu'elle est plainte. Elle est en même tems, par l'atrocité de ses imputations, par l'incursion odieuse & étrangere sur la validité de mon mariage, par le scandale des qualifications, par l'infamie des peines qu'elle appelle à grands cris sur ma tête, le comble de la vexation.

Et le Marquis de Créqui veut se montrer offensé de ce que je l'ai fait supprimer par Arrêt, comme *injurieuse, calomnieuse, vexatoire*, avec *impreſſion & affiche*. Eh bien ! j'y consens, reprenons ici chacune de ses dispositions.

1°. Elle est *injurieuse*. Pour preuve, lisez la plainte elle-même.

2°. Elle est *calomnieuse*. Elle l'est en ce qu'elle me qualifie un FAUSSAIRE. Or j'ai prouvé, puisqu'il l'a fallu prouver, que je ne suis point un FAUSSAIRE. Elle l'est en ce qu'elle m'impute d'avoir *fait à la demoiſelle de Souci une odieuse trahiſon*. Et ici j'ai la preuve de la calomnie par l'aveu même du Marquis de Crequi, pag. 21 & 22 de son Mémoire à consulter ; il s'y plaint du prétendu silence (1) de la Comteſſe de

---

(1) Ce reproche de *silence* sur lequel on fonde ensuite un MAL FAIT *avec intention*, n'est point vrai. La vérité exacte est que Madame la Comteſſe de Souci alla deux fois en visite chez Madame la Marquise de Crequi, pour lui faire part de mon mariage, qui au reste n'étoit pas un secret à la Cour, & elle se fit écrire. Il eût été dans l'ordre des *bienſéances ordinaires*, dont le Marquis de Crequi donne leçon, pag. 21, que Madame de Crequi paſſât chez Madame de

Souci envers lui, lors de mon mariage , & il y dit : « comment
» donc croire que cette Dame & autres, *inftruits de ce qui s'é-*
» *toit paffé à l'occafion de MM. le Jeune, ait fait un pareil ma-*
» *riage fans me demander* CE QUI ÉTOIT MA DIFFICULTÉ,
» fans au moins me faire part de l'alliance. Ces procédés au
» moins irréguliers (je ménage les termes), acheverent de me
» convaincre qu'il y avoit *un mal fait avec intention ;* la fociété
» particuliere & habituelle de ces dames avec ma femme,
» exigeoit une confiance moins tardive, qui n'auroit dû ni *cal-*
» *culer mon aifence , ni fonder d'efpérances fur les fuites* ».

Cela veut dire, fi j'entends ma langue : « Madame de Souci
» a fçu qu'il exiftoit UNE DIFFICULTÉ entre MM. le Jeune
» & moi. Le mariage lui a convenu, elle a dit, célébrons-
» le toujours ; je défarmerai enfuite le Marquis de Crequi par
» des amis communs, par ma fociété particuliere & habituelle
» avec Madame de Crequi , &c ».

Mais d'après cela, fi Madame de Souci a connu votre difficulté , fi elle a efperé qu'une fois le mariage célébré, le Marquis de Crequi ne formera pas d'attaques ; elle a donc connu
notre querelle , & elle & Mademoifelle fa fille ont volontairement paflé outre , & la vérité eft en effet que je me fuis
fait un devoir de les en inftruire. Et d'ailleurs nos démêlés
aflez connus devant MM. les Maréchaux de France fur cette
affaire en avoient inftruit toute la Cour, comme elle même.

Souci, ou du moins s'y fit écrire, n'y ayant point entre elles cette *fociété particu-*
liere & habituelle , qui d'ailleurs ne difpenfe pas des égards indifpenfables. Malgré ce
filence de Madame de Crequi, j'y paflai enfuite deux fois à la priere de Madame
de Souci. La premiere fois Madame de Crequi n'étoit pas vifible ; la feconde fois,
le Suiffe, qui avoit reçu fes inftructions, me répondit qu'il n'avoit point ordre
d'écrire fur la lifte M. LE COMTE DE CREQUI. J'entendis ce langage, & je crois qu'il
n'eft perfonne qui le fût cru, ainfi que moi, difpenfé d'une CINQUIEME vifite.

Je n'ai donc pas fait à la demoiselle de Souci une *odieuse trahison*, conséquemment vous, en m'accufant, vous faites & vous faites volontairement une *odieuse calomnie*.

Elle eft encore calomnieufe, en ce qu'elle affirme qu'il n'y a point eu de mariage entre elle & moi, & conféquemment que mon enfant eft voué à l'ignominie. Et quelle calomnie, grand Dieu! .... tout mon fang s'agite dans mes vaines. .... & je n'aurois pas eu raifon de faire prononcer cette qualification, lorfque je prouve littéralement trois calomnies atroces, quand une feule fuffiroit pour la mériter !

3°. La plainte eft vexatoire.

Elle eft vexatoire parce qu'elle étoit inutile.

Elle eft vexatoire, parce qu'elle eft rédigée avec la fureur & l'acharnement les plus puniffables.

Elle eft vexatoire en ce qu'elle demande fans aucun objet raifonnable, & par conféquent fans intérêt réel, des moni-toires, des aggraves, & réaggraves, &c.

Elle eft vexatoire enfin en ce que, quoique, de votre aveu, ce qui regarde ma conduite vis-à-vis de Madame de Souci & de ma femme, vous SOIT TOUT A FAIT ÉTRANGER, vous ofez m'accufer d'une *odieuse trahison* envers cette époufe ché-rie, la vouer à l'opprobre du concubinage, & ce fruit de notre union, qu'elle porte dans fon fein, à la honte de l'illégitimité.... Tournez maintenant vos regards fur le portrait de votre oncle; lifez, lifez fes lettres, & demandez-vous à vous-même s'il fût jamais une vexation plus odieufe, plus cruelle, plus atroce que la vôtre, une vexation fur laquelle il ne vous reftoit d'autre expiation aux yeux de la Juftice, aux yeux du Public juftement indigné, qu'en vous empreffant de vous con-damner vous-même.

4°. Enfin l'impreffion & l'affiche font juftement prononcés par la profufion même de vos Mémoires.

C iij

Et cependant dans un Imprimé de 41 pages vous ne dites que quatre lignes fur ce qui fait entre vous & moi la caufe actuelle, & pas un mot des reconnoiffances de votre oncle, pas un mot de fa conduite noble, jufte, généreufe, qui fait fi cruellement la cenfure de la vôtre. Je ne veux, Marquis de Créqui, que ce filence accufateur de votre propre conduite, que ce filence par lequel vous vous condamnez aux yeux de qui fçait vous lire & vous entendre.

Et vous ofez cependant propofer à nos Juges de renvoyer à ftatuer fur les torts de votre plainte jufqu'après le Jugement de l'affaire civile.

Mais qu'a de commun cette affaire avec l'outrage actuel, puifque, l'euffiez-vous mille fois gagnée, il n'y auroit pas une fyllabe à retrancher des quatre difpofitions de l'Arrêt?

Ne fuffé-je pas Crequi, votre plainte n'eft-elle pas une plainte *injurieufe?*

Ne fuffé-je pas Crequi, votre plainte ne feroit-elle pas *calomnieufe*, lorfque j'y prouve trois calomnies & qu'il fuffiroit d'une feule?

Ne fuffé-je pas Crequi, votre plainte n'eft-elle pas horriblement *vexatoire*, ne fût-ce que par ce que vous vous y permettez au fujet de ma femme & de mon enfant, de mon enfant qui n'exifte pas encore & que déja vous aviliffez?

Ne fuffé-je pas Crequi, l'Arrêt ne doit-il pas être imprimé, quand vos Mémoires le font & inondent tout le Royaume?

Si j'avois fait prononcer contre vous des dommages-intérêts, je conçois que vous pourriez fupplier nos Juges d'attendre après le Jugement de l'affaire civile pour en déterminer la quotité; mais je les ai négligés pour ne m'occuper que de condamnations honorifiques; or, dans mille ans il faudroit m'adjuger celles-ci, parce que, quoiqu'il arrive au civil, elles font juftes, démontrées, irrévocables, & qu'elles font en même tems bien cruellement achetées ; différer d'y faire droit ce feroit encourager cette maxime : CALOMNIONS TOUJOURS, LA CICATRICE RESTERA ; & vous ne l'avez pas efpéré fans doute de Magiftrats qui ne font pas moins les vengeurs de l'honnêteté publique que les dépofitaires & les organes des loix !

Et vous ofez à défaut de moyens appeller à votre fecours la Nobleffe Françoife, & vouloir que votre caufe foit la fienne. Ah ! connoiffez-la mieux, & ne lui faites pas cette injure dans le fens où vous invoquez fon fuffrage & fes vœux ! A préfent que cette caufe eft connue, à préfent que tout le monde fçait ce que vous fçaviez fi parfaitement vous-même quand vous vous êtes permis tant d'outrages ; oui, fans doute, la Nobleffe Françoife prend part à cette caufe, mais c'eft pour vous condamner : & parmi ceux même qui vous ont accompagné à l'Audience, il en eft, vous le fçavez, qui n'ont pu vous taire leur jufte déplaifir. Vous nous aviez peints comme des ufurpateurs audacieux, qui, à l'aide d'un lambeau fugitif dans une piece obfcure & ignorée, vouloient envahir fur vous le beau nom de Crequi ; vous vous êtes montré à eux comme le vengeur de la caufe commune ; vous avez animé d'abord contre nous cette Nobleffe délicate & généreufe qui s'indigneroit avec raifon, que l'honneur & l'illuftration d'un beau nom, que le prix du fang & des fervices de fes aïeux devinffent la proie de l'audace & de l'intrigue.

Mais à préfent que l'on connoît & vos procédés & les miens, & vos attaques & notre defenfe, il n'eft dans la Nobleffe Françoife aucun homme jufte & éclairé qui ne voie qu'un gentilhomme ayant plus de 400 ans de nobleffe prouvée, quatorze enfans & une très-médiocre fortune, trouvoit fon fort affez beau, fans avoir befoin de fe livrer à la chimere des

noms ; qu'ainſi il n'a point affecté ces prétentions faſ-
tueuſes qui ſuppoſent une grande fortune ou de grands moyens
d'agir , que ſes enfans , jeunes alors & ſans appui, ne pouvoient l'affecter davantage , qu'ils ſe ſont contentés de montrer
modeſtement à un homme dont ils trouvoient le nom dans
leurs titres, ces titres mêmes qui pouvoient exciter ſes pro-
pres deſirs pour aſſurer une branche de plus à la durée d'un
nom menacé de s'eteindre, que tout le reſte a été ſon ou-
vrage ; qu'au ſurplus une fois convaincus de leur droit par
l'examen approfondi de leurs titres & par ſa conviction à lui-
même, ils ont mis dans toute leur conduite cette marche loyale
& franche que l'uſurpation ne tenteroit pas même d'imiter;
qu'ils ont demandé ſans difficulté l'honneur de monter dans les
caroſſes en 1773 , l'honneur de la Préſentation en 1779 ,
tandis qu'un uſurpateur prudent auroit évité avec le plus grand
ſoin un mariage à la Cour , auroit attendu votre mort ſans
enfans pour ſe produire au grand jour.

Voilà ce que toute la Nobleſſe Françoiſe a vu dans notre
conduite , voilà ce qui l'intéreſſe à nous , voilà ce qui l'ap-
pellant vraiment dans cette cauſe , mais dans un ſens bien dif-
férent du vôtre , nous mérite ces honorables vœux qu'elle ne
donna jamais à l'oppreſſion, à l'acharnement, à l'outrage! Et quel
gentilhomme en effet ne trembleroit pour lui-même, dans un
Royaume où le défaut de dépôts publics, où les incendies &
les guerres n'ont laiſſé à tant d'illuſtres familles que d'amers &
inutiles regrets ſur les monumens de leur gloire paſſée, ſi
c'étoit un crime de relire avec quelque complaiſance les titres
échappés à tant de ravages, ſi c'étoit un crime pour un pere
d'y eſpérer un appui pour ſes nombreux enfans, ſi c'étoit un
crime pour ces enfans iſolés de ſe rallier à la voix d'un Chef
illuſtre qui, après avoir préparé ſa ſenſibilité par ſa juſtice ,

leur dit à eux-mêmes : « oui , vous êtes mes parens , & vous
» devez porter mon nom », & qui notifie lui-même ce jugement folemnel à un neveu dont le filence, un filence de fept
années entieres , depuis fa reconnoiffance notifiée par fon
oncle (1) , eft auffi condamnable pendant la vie de cet homme
vertueux que fes fureurs le font après fa mort.

Ah ! que ne m'attaquiez-vous quand ce vertueux Crequi
vivoit encore! vous le deviez , fi ce cri de l'honneur que vous
faites retentir fans ceffe à nos oreilles agiffoit fi puiffamment
fur votre ame! Vous le deviez, , parce que le combat alors
vous eût été honorable, puifqu'il eût été égal & que fes titres
auroient été les miens. Vous le deviez & vous ne l'avez ofé.....

Tenez donc pour certain que la Nobleffe Françoife n'a qu'une
voix contre vous, & que c'eft vraiment dans mes mains que
repofent & fes intérêts & fa caufe. Defirez vous-même , fi
vous voulez vous montrer jufte , l'Arrêt équitable dont je
pourfuis la confirmation contre vous, & qui ne réparera que
foiblement tous les maux que vous m'avez faits , fans parler
de ceux que vous m'avez voulu faire. Defirez que la Juftice
elle-même efface de fes mains l'injure intolérable que vous
m'avez faite ; vous avez plus d'une raifon de le fouhaiter.

Signé C R E Q U I.

---

(1) Il l'a notifiée en Mai 1765 , & n'eft mort qu'à la fin de 1771.

LESCOT, Procureur.

A PARIS, chez P. G. SIMON, Imprimeur du Parlement,
rue Mignon Saint André-des-Arts. 1780.